# ARGENT RAPIDE EN UN MOIS.

# ARGENT RAPIDE EN UN MOIS

Par : D.K. Hawkins
Série "Quick Money"
Version 1.1 ~Novembre 2022
Publié par D.K. Hawkins sur KDP
Copyright ©2022 par D.K. Hawkins. Tous droits réservés.

Aucune partie de cette publication ne peut être reproduite, distribuée ou transmise sous quelque forme ou par quelque moyen que ce soit, y compris la photocopie, l'enregistrement ou d'autres méthodes électroniques ou mécaniques, ou par tout système de stockage ou de récupération de l'information, sans l'autorisation écrite préalable des éditeurs, sauf dans le cas de très brèves citations incorporées dans des critiques et certaines autres utilisations non commerciales autorisées par la loi sur le droit d'auteur.

Tous droits réservés, y compris le droit de reproduction totale ou partielle sous quelque forme que ce soit.

Toutes les informations contenues dans ce livre ont été soigneusement recherchées et vérifiées quant à leur exactitude factuelle. Toutefois, l'auteur et l'éditeur ne garantissent pas, de manière expresse ou implicite, que les informations contenues dans ce livre conviennent à chaque individu, situation ou objectif et n'assument aucune responsabilité en cas d'erreurs ou d'omissions.

Le lecteur assume le risque et la pleine responsabilité de toutes ses actions. L'auteur ne sera pas tenu responsable des pertes ou des dommages, qu'ils soient consécutifs, accidentels, spéciaux ou autres, qui pourraient résulter des informations présentées dans ce livre.

Toutes les images sont libres d'utilisation ou achetées sur des sites de photos de stock ou libres de droits pour une utilisation commerciale. Pour ce livre, je me suis appuyé sur mes propres observations ainsi que sur de nombreuses sources différentes, et j'ai fait de mon mieux pour vérifier les faits et attribuer le mérite à qui de droit. Dans le cas où du matériel serait utilisé sans autorisation, veuillez me contacter afin que l'oubli soit corrigé.

Les informations fournies dans ce livre le sont à titre informatif uniquement et ne sont pas destinées à être une source de conseils ou d'analyse de crédit en ce qui concerne le matériel présenté. Les informations et/ou documents contenus dans ce livre ne constituent pas des conseils juridiques ou financiers et ne doivent jamais être utilisés sans avoir consulté au préalable un professionnel de la finance afin de déterminer ce qui convient le mieux à vos besoins individuels.

L'éditeur et l'auteur ne donnent aucune garantie ou autre promesse quant aux résultats qui peuvent être obtenus en utilisant le contenu de ce livre. Vous ne devez jamais prendre de décision d'investissement sans consulter au préalable votre propre conseiller financier et sans effectuer vos propres recherches et diligences. Dans toute la mesure permise par la loi, l'éditeur et l'auteur déclinent toute responsabilité dans le cas où les informations, commentaires, analyses, opinions, conseils et/ou recommandations contenus dans ce livre s'avéreraient inexacts, incomplets ou peu fiables ou entraîneraient des pertes d'investissement ou autres.

Le contenu de ce livre n'est pas destiné à et ne constitue pas un conseil juridique ou un conseil en investissement, et aucune relation avocat-client n'est établie. L'éditeur et l'auteur fournissent ce livre et son contenu sur une base "telle quelle". Vous utilisez les informations contenues dans ce livre à vos propres risques.

# TABLE DES MATIÈRES.

TABLE DES MATIÈRES....................................................................4
INTRODUCTION............................................................................6
LES MEILLEURS MOYENS DE GAGNER DE L'ARGENT RAPIDEMENT EN UN MOIS. .......................................................9
   1. Vente d'articles usagés. ......................................................9
   2. Télémarketing. ...................................................................11
   3. Conversion de maison.......................................................15
   4. Rédaction en free-lance. ..................................................18
   5. Saisie de données............................................................23
   6. Nettoyage de bureaux à temps partiel............................25
   7. Publicité pour les véhicules. ...........................................29
   8. Gagner de l'argent en tant qu'affilié en un mois. ............31
   9. Le ramassage des ordures dans votre quartier..............37
   10. Immobilier........................................................................39
   11. Marketing de produits numériques.................................43
   12. Rédaction d'articles.........................................................47
   13. Sites Web à bascule. ......................................................50
   14. Graphiques en ligne. ......................................................53
   15. Offres d'inscription gratuite par courriel........................56
   16. Entreprise de nettoyage de tapis...................................60
   17. Rédaction de livres électroniques. ................................64

18. Enquêtes rémunérées. ...................................................... 68

19. Trading FX. ........................................................................ 71

20. Création de listes. ............................................................ 75

21. Photographie. ................................................................... 82

22. Communiqué de presse. .................................................. 86

23. eBay. ................................................................................. 90

24. Vidéos de marketing et sites web vidéo. ........................ 94

25. Joint Venture. ................................................................... 97

26. Enchères en ligne. ........................................................... 104

27. Références. ...................................................................... 106

CONCLUSION. ......................................................................... 108

# INTRODUCTION.

En comprenant comment gagner beaucoup d'argent rapidement en un mois, vous pouvez vous asseoir sur un tas d'or avant que votre voisin ne découvre votre stratagème.

En passant du temps sur Internet, vous découvrirez de nombreuses techniques pour gagner de l'argent rapidement. Toutefois, vous devez savoir que ces approches sont souvent dangereuses. Dans certains cas, vous pouvez aussi perdre le contenu de votre portefeuille. Dans une telle circonstance, demandez-vous si le danger en vaut la peine.

La meilleure approche pour apprendre à gagner beaucoup d'argent rapidement est de sauter dans le lac et de se mouiller les pieds. Expérimentez les méthodes présentées dans ce livre et voyez si elles génèrent autant d'argent qu'elles le prétendent. Vous ne subirez pas de perte importante en cas d'échec, car l'enjeu est minime. Imaginez cependant ce que pourraient être vos finances si l'une de ces stratégies s'avérait être un coup de maître. Notez que plus vous l'envisagez, plus vous les éviterez.

Il existe d'innombrables exemples de ce concept sur Internet. Vous pouvez croire que certains d'entre eux sont irréalisables. Mais bon, à quoi bon ? Vous pouvez toujours tenter d'obtenir des millions de dollars !

Si vous avez besoin d'argent rapidement en un mois, essayez ce que j'ai fait. Je gagne plus d'argent aujourd'hui que dans ma précédente entreprise, et vous le pouvez aussi, si vous lisez ce livre attentivement.

Imaginez tripler votre argent chaque mois avec un risque négligeable ou nul ! Lisez les concepts abordés dans ce LIVRE pour découvrir COMMENT vous pouvez commencer à composer votre capital pour atteindre votre premier million de dollars en utilisant les idées faciles pour gagner de l'argent qui y sont énumérées.

Commençons.

# LES MEILLEURS MOYENS DE GAGNER DE L'ARGENT RAPIDEMENT EN UN MOIS.

## 1. Vente d'articles usagés.

La facture de câble de ce mois-ci est peut-être plus élevée que d'habitude, ou des dépenses imprévues ont épuisé vos finances. Quelle que soit la raison, beaucoup d'entre nous ont besoin de quelques dollars supplémentaires pour tenir jusqu'au jour de paie. Plus tôt nous pouvons générer ce revenu, mieux c'est. La revente de biens d'occasion est peut-être l'un des moyens les plus simples de gagner de l'argent rapidement. Cependant, il existe d'autres options.

On croit souvent à tort que la revente n'est pas un moyen efficace de gagner de l'argent ; elle peut facilement être transformée en un flux de revenus continu. Si vous êtes honnête, vous avez probablement de nombreux biens que vous n'utilisez plus. Seules la connaissance, l'ambition et le dévouement sont nécessaires pour réussir. Organiser votre vide-grenier est probablement l'une des méthodes les plus simples pour initier ce processus.

Si vous êtes comme nous tous, votre garage est sans doute rempli d'objets inutiles. Peu importe la nature ou l'état de ces objets. Vous pouvez être étonné du nombre de personnes intéressées par l'achat de votre tondeuse à gazon cassée ou de votre livre épuisé.

Une fois que vous vous êtes débarrassé de tous vos déchets de valeur, vous pouvez commencer à participer à d'autres vide-greniers à la recherche d'objets commercialisables. De nombreuses personnes organisent désormais leurs vide-greniers sur Internet, par le biais de sites tels qu'eBay, qui vous mettent en contact avec des acheteurs du monde entier et garantissent pratiquement votre succès.

## 2. Télémarketing.

Le télémarketing est un bon moyen de gagner rapidement de l'argent facile en un mois, en supposant que l'entreprise soit légale et que l'objectif des appels de télémarketing soit précis, par opposition au simple fait d'appeler des numéros de téléphone aléatoires dans leur base de données dans le but de vendre quelque chose.

Le principal prérequis pour un cadre en télémarketing est une bonne capacité de communication. Les jeunes diplômés ayant une aptitude pour la langue concernée et une bonne voix sont très demandés dans le secteur du télémarketing. Il s'agit donc d'une carrière que la plupart des jeunes désirent.

Le recrutement d'un candidat en télémarketing est assez simple, car les procédures de candidature, d'entretien, de sélection et d'intégration sont toutes simples et rapides. Les récompenses monétaires du travail de télémarketing sont raisonnables, y compris les salaires et autres compensations et avantages.

En général, les emplois de télémarketing impliquent des changements d'équipe 24 heures sur 24 pour s'adapter aux différents fuseaux horaires. Par conséquent, les diplômés, principalement des hommes, qui sont prêts à travailler de nuit reçoivent d'autres compensations et avantages. Il s'agit d'un avantage considérable pour les jeunes diplômés qui saisissent l'occasion à deux mains.

Bien qu'il existe de nombreux types de télémarketing, les ventes à la commission sont les plus populaires car elles offrent d'autres incitations. Chaque individu dans la section des ventes se voit attribuer un objectif mensuel ou quotidien, ce qui pousse l'employé à travailler pour atteindre son objectif.

L'employé reçoit une commission substantielle et un salaire de base si les objectifs sont atteints ou dépassés. La vente est l'aspect le plus difficile du télémarketing, mais de nombreux jeunes d'aujourd'hui, quel que soit leur sexe, choisissent cette activité en raison de ses récompenses extrêmement alléchantes.

En raison de la popularité mondiale des chances du télémarketing, les grandes entreprises ont commencé à externaliser leurs profils de télémarketing vers des centres de contact spécialisés qui se concentrent sur l'engagement des clients.

Le fait que ces grandes entreprises exploitent des centres d'appels sous leur marque améliore la crédibilité des emplois de télémarketing. Ces emplois de télémarketing ne sont pas physiquement exigeants et n'impliquent pas beaucoup de tension. Il s'agit de parler gentiment et de réussir à acquérir de nouveaux clients ou à fidéliser les anciens.

La plupart des emplois de télémarketing exigent au moins un diplôme de bachelor ; les candidats sont donc nombreux. Le secteur du télémarketing s'est fermement établi dans le monde du marketing, reléguant l'industrie traditionnelle du marketing à une lointaine seconde place.

Ce secteur a donné naissance à de nombreux concepts novateurs. Les emplois de télémarketing qui peuvent être exercés à domicile sont la dernière tendance à gagner en popularité. Ces opportunités offrent aux femmes et aux personnes âgées un moyen pratique de gagner de l'argent dans le confort de leur foyer.

Le télémarketing ne consiste pas seulement à gagner de l'argent facilement et à obtenir un emploi rapidement. Les profils de télémarketing sont nettement plus faciles à obtenir que la plupart des autres ; c'est pourquoi cette vocation reste la préférée des jeunes.

## 3. Conversion de maison.

De nombreuses personnes souhaitent gagner de l'argent en convertissant des maisons. Tout peut être vendu à profit, pas seulement les maisons. Acheter une maison à bas prix et la revendre à un prix plus élevé à un acheteur intéressé est une méthode formidable pour générer de l'argent. L'aspect le plus critique est de trouver un client intéressé et prêt à payer suffisamment pour générer un profit.

Actuellement, la revente de maisons est un moyen lucratif de générer des revenus. De nombreuses personnes sont intéressées par l'achat à bas prix et la revente à profit de résidences à d'autres acheteurs. Il s'agit d'une forme d'emploi à temps plein pour un nombre surprenant de personnes. Ils gagnent des commissions mensuelles substantielles en retournant des maisons.

Un aspect négatif de cette industrie est la concurrence intense et le risque inhérent. Souvent, un revendeur qui a acheté une maison pour la revendre doit la conserver pendant une période prolongée en raison du manque de clients. Il est rare qu'il puisse trouver des personnes intéressées par l'acquisition d'une maison auprès de lui.

Cela peut entraîner des pertes importantes pour le revendeur ou le concessionnaire. En outre, les revendeurs doivent maintenir leurs prix aussi bas que possible pendant une concurrence intense pour transformer une maison rapidement et facilement.

Il existe de nombreuses possibilités pour réussir dans ce secteur. Toutefois, cela ne signifie pas qu'il est difficile de gagner de l'argent en convertissant des maisons. Si vous êtes stratégique et bien organisé, vous pouvez gagner suffisamment d'argent grâce à cette activité.

- Les contrats de location, les programmes de location avec option d'achat, etc., sont quelques choix qui peuvent vous aider à générer de l'argent rapidement et à attirer des acheteurs potentiels.

- Vous devez également identifier votre marché spécifique pour fonctionner plus efficacement en fonction des conditions du marché.

- Acquérir une maison qui a besoin de réparations ou qui est incomplète. Ces biens sont facilement disponibles à un prix abordable et peuvent vous aider à générer des profits rapides lorsque vous les vendez meublés.

- Toutefois, dans ce cas, il convient de prêter attention à l'emplacement de la maison. L'emplacement idéal d'une propriété peut vous aider à la vendre à un prix plus élevé.

Dans chaque scénario, vous devez avoir une expertise suffisante en matière d'investissement immobilier. De même, vous devez évaluer les prix des réparations et de la redécoration avec soin. Là encore, les sous-estimer peut entraîner des pertes.

## 4. Rédaction en free-lance.

La logique veut qu'en tant qu'écrivain indépendant, plus vous écrivez, plus vous gagnez de l'argent. Lorsque vous avez l'état d'esprit approprié, écrire plus et gagner plus d'argent est simple.

Vous avez besoin de solutions qui vous permettent de composer pendant votre temps d'écriture désigné.

J'ai perfectionné mes processus et je continue à le faire pour écrire plus et gagner plus d'argent. Mon objectif est de doubler et, si possible, de quadrupler mes revenus mensuels d'écriture.

Vous devez faire de même. Vous êtes un individu avec des pouvoirs et une limite de temps limitée. Créez un système qui fonctionne bien pour vous. Modifiez-le au fur et à mesure que vous écrivez davantage et gagnez plus d'argent avec vos mots.

Cependant, vous devez vous concentrer sur votre réflexion avant de concevoir votre système.

Voici cinq recommandations pour vous aider à créer la bonne mentalité afin d'augmenter ou de tripler votre revenu mensuel d'écriture :

Planifiez votre temps - un mot à la fois ; vous gagnez de l'argent.

Les objectifs sont bien, mais ils ne peuvent pas être "faits". Vous ne pouvez effectuer que des tâches qui contribuent à la réalisation de vos objectifs. Planifiez chaque tâche et respectez le plan. Mes outils de planification actuels sont iCal sur mon Mac et le programme web BackPack.

Rêvez grand - Vous ne pouvez atteindre que ce que vous visez.

Vos objectifs doivent être suffisamment ambitieux pour vous intimider. Ensuite, vous devez prendre l'habitude d'imaginer ce que sera votre vie après avoir atteint un objectif particulier. Imaginez-vous dans ce nouvel endroit.

Votre créativité fait preuve d'imagination. Selon les experts sportifs, si vous pouvez voir le succès, vous pouvez l'accomplir. Par conséquent, passez chaque jour à vous visualiser comme ayant réalisé votre Grand Rêve actuel.

Ne vous inquiétez pas de savoir COMMENT vous allez atteindre ce rêve. Vous découvrirez les moyens à mesure que votre imagination donnera vie à votre vision.

Continuez à élargir vos objectifs, même après les avoir atteints.

Une fois que vous avez pris l'habitude de poursuivre votre Grand Rêve et que vous êtes convaincu de pouvoir l'atteindre, élargissez-le. Vous devez construire des objectifs au-delà de vos objectifs. Si vous ne le faites pas, vous reviendrez à la routine sûre, sécurisée et peu exigeante du pré-objectif.

Anticipez un sentiment d'inconfort et de confusion.

La confusion est positive. Vous passez trop de temps dans votre zone de confort si vous ne passez pas au moins un quart de votre temps à être perplexe et à vous demander ce que vous faites. Vous serez perplexe à propos des marchés, de votre écriture, et de la façon dont vous composez un projet. La confusion n'est pas seulement positive, elle est fantastique, indiquant que vous avez quitté votre zone de confort. Continuez à écrire ; ce qui vous laisse perplexe aujourd'hui deviendra une routine demain.

Faites-le - Ne discutez pas de vos écrits.

Les écrivains ont une propension à la verbosité excessive. Demander à être rassuré, voire se vanter, ne demande aucun effort. Malheureusement, les personnes à qui vous demandez conseil sont rarement qualifiées pour le faire. Même s'ils sont bien intentionnés, ils saperont vos efforts, et ceux auprès desquels vous vous vantez deviendront rapidement vos ennemis ; c'est dans la nature humaine.

Arrêtez de parler et commencez à écrire. C'est l'écriture qui compte.

Voilà : cultivez l'état d'esprit approprié, et non seulement vous écrirez davantage, mais vous doublerez ou triplerez facilement vos revenus mensuels.

## 5. Saisie de données.

Les tâches de saisie de données ont considérablement évolué au fil du temps. Bon nombre des employés actuellement disponibles dans ce secteur sont non traditionnels et ne nécessitent pas d'expertise, comme dans les emplois de saisie de données. Ces emplois rentables consistent à placer des publicités sur Internet pour promouvoir des entreprises en ligne.

Bien que ces vocations soient de plus en plus populaires, beaucoup de gens ignorent qu'elles existent. Elles conviennent parfaitement aux femmes au foyer et aux mères au foyer en raison de leur flexibilité et de leur liberté. Des dizaines de milliers d'entreprises en ligne font appel quotidiennement à ces dactylos amateurs et les rémunèrent assez bien.

Les emplois de soumission de données existent depuis quelques années, mais les systèmes ont considérablement évolué et se sont améliorés depuis 2005. Lorsque vous recherchez ce type d'emploi, il est toujours bon de magasiner, car certaines organisations utilisent des méthodes de formation obsolètes qui ne fonctionnent pas.

Les choses changent avec le temps en matière de marketing, et ce qui a fonctionné pour vous l'année dernière ne fonctionnera peut-être pas cette année. Un nouveau venu ne le saurait pas, c'est pourquoi il est important de faire des recherches avant de lancer une activité sur Internet. Trouver une entreprise de saisie de données fiable, c'est comme trouver une aiguille dans une botte de foin, mais si on en découvre une, cela peut devenir la profession de toute une vie.

La saisie de données non traditionnelle est la meilleure option pour quiconque cherche un revenu à temps partiel ou à temps plein. C'est l'approche la plus simple pour gagner un revenu internet relativement rapide sans site web. On peut choisir de travailler de quelques heures par semaine à plusieurs heures par jour depuis chez soi et gagner un revenu mensuel décent.

## 6. Nettoyage de bureaux à temps partiel.

Vous conviendrez certainement que le plus beau métier du monde est celui qui vous permet de travailler pour vous-même, de fixer vos horaires et de voir votre salaire doubler ou s'accroître chaque année, mais où et comment commencer ?

Créez une entreprise de nettoyage de bureaux ! La navigation sur Internet vous submerge d'options, dont la plupart sont au mieux douteuses. Cependant, vous pouvez rejoindre ceux qui gagnent un revenu à temps plein avec un travail à temps partiel sans prendre de risque.

Tout le monde peut faire du nettoyage, mais "obtenir les comptes" est essentiel. Avant de tenter d'obtenir votre premier compte, vous devez disposer des quelques articles nécessaires au nettoyage d'un bureau et d'un contrat de service professionnel. Ce contrat doit préciser ce qui sera nettoyé, comment cela sera nettoyé, quand cela sera nettoyé, etc. et le coût. Pas à l'heure mais au projet !

Vérifiez les règlements et ordonnances de votre État et de votre localité pour déterminer s'il existe des exigences supplémentaires pour le personnel de nettoyage/de conciergerie, telles que des garanties et des licences. Le contrat doit traiter de la responsabilité, des calendriers de paiement, de l'annulation et d'autres questions juridiques. Vous trouverez de nombreux exemples de ce type sur Internet.

Maintenant, il faut acquérir des consommateurs. Vous pouvez commencer par de simples annonces dans les petites annonces locales ou des prospectus. Faites un prospectus attrayant et professionnel avec le nom de votre entreprise, ce que vous allez faire, votre nom (et si vous êtes cautionné), vos coordonnées et une déclaration indiquant que vous êtes prêt à vous rendre sur place pour discuter de leurs besoins et soumettre un devis.

Ciblez les petits immeubles de bureaux et les complexes de bureaux. Demandez aux responsables de quelques bureaux s'ils sont satisfaits de la propreté de leur lieu de travail. Demandez s'il existe un gestionnaire d'immeuble et comment le contacter. Faites cela avec plusieurs bureaux dans l'ensemble de la propriété pour mieux comprendre le rendement du service de nettoyage existant.

Ensuite, approchez le gestionnaire et demandez une conversation ou un rendez-vous. Apportez votre prospectus, votre carte de visite et votre lettre de présentation à la réunion. Après avoir obtenu quelques clients, vous voudrez inclure une liste de références et de témoignages.

Une fois que vous aurez acquis quelques clients satisfaits, vous pourrez demander des témoignages et des recommandations. Assurez-vous qu'ils sont fiables, qu'ils peuvent être cautionnés et qu'ils travaillent rapidement et à un prix abordable ! À mesure que votre entreprise se développe, vous aurez besoin d'aide.

Assurez-vous d'étudier ce que vous devez faire en tant qu'employeur, notamment les impôts, l'indemnisation des travailleurs, etc. Préparez également un plan de secours si un ou plusieurs de vos employés sont absents un soir. Vous pouvez aussi rester modeste et ne compter que sur vous-même et votre famille.

Le nettoyage de bureaux à temps partiel peut vous fournir l'autre argent dont vous avez besoin. Vous travaillez le soir pendant quelques heures et pouvez être payé à la journée, à la semaine ou au mois. Il s'agit d'une approche relativement rapide, peu coûteuse et facile pour créer plus de revenus. Faites-en l'essai !

Plus vite vous commencerez, plus vite vous gagnerez de l'argent supplémentaire en un mois ! Kate Carpenter nettoie des lieux de travail depuis plus de dix ans et a augmenté ses revenus annuels de dizaines de milliers sans investir beaucoup de temps ni d'argent. Le nettoyage de bureaux est l'un des moyens les plus efficaces et les plus simples de gagner de l'argent.

## *7. Publicité pour les véhicules.*

Pendant l'été, tout le monde cherche des moyens de gagner de l'argent rapidement. Il n'est pas nécessaire de trouver un emploi ou d'apprendre une nouvelle compétence lorsque la publicité automobile peut fournir de l'argent rapidement. Grâce à une nouvelle forme de publicité révolutionnaire, les entreprises vous paient désormais pour afficher des publicités sur votre véhicule.

Vous voulez ou avez besoin d'une voiture mais vous n'en avez pas ? Les entreprises sont prêtes à acheter des voitures flambant neuves avec des publicités pré-appliquées pour que vous puissiez les conduire. Vous devez seulement payer l'essence et l'assurance.

Il n'y a pas de conditions, seulement de l'argent dur. Il vous suffit de vaquer à vos occupations quotidiennes. En général, vous devez parcourir 200 à 300 miles par mois, mais vous pouvez facilement le faire en vous rendant au travail, au centre commercial ou ailleurs. Il s'agit de la condition principale et elle est facilement remplie, ce qui vous permet de recevoir un montant substantiel d'argent rapide chaque mois.

Avant d'engager une société, vous devez vérifier que son site Web est légitime. De nombreux sites Web annoncent des revenus absurdes, tels que 6 000 $ par mois. Vous ne recevrez pas de BMW ou de Corvettes, mais plutôt une automobile neuve.

En général, le flux d'argent mensuel moyen se situe entre 600 et 800 dollars. Cela dépend de la voiture que vous possédez, de la densité de population de votre ville et du nombre moyen de kilomètres que vous parcourez chaque mois.

Toutefois, il ne s'agit que d'une somme temporaire que vous recevrez chaque mois. Si vous possédez un gros camion, vous recevrez beaucoup plus, entre 2 000 et 3 000 dollars par mois si tout le véhicule est assuré.

## 8. Gagner de l'argent en tant qu'affilié en un mois.

La génération de revenus en ligne a explosé en popularité dans le monde entier. Comme des millions de personnes utilisent Internet pour rechercher des produits et des services, de nombreuses entreprises et personnes ont déplacé leurs activités en ligne. Simultanément, de nombreux utilisateurs recherchent des possibilités de gagner de l'argent rapidement et facilement. Êtes-vous à la recherche de tels concepts ? Ici, vous apprendrez comment gagner de l'argent en un mois.

En réalité, gagner de l'argent en ligne n'est pas si simple, mais il existe quelques rares secrets de fabrication d'argent qui peuvent donner des résultats remarquables rapidement. C'est ce que la plupart des gens désirent.

Dans votre recherche d'une méthode viable pour générer de l'argent en un mois, vous devez réaliser que vous devez reproduire les actions de milliers de personnes. Cependant, vous pouvez amasser une énorme richesse en un mois parce que vous devez appliquer la technique différemment. Comme vous le découvrirez dans cette section, la différence est généralement modeste mais peut avoir un impact significatif sur votre vie.

Maintenant, le concept fondamental est le marketing d'affiliation. Si vous vous sentez frustré à cet instant parce que vous lisez sur un sujet fortement saturé, vous passerez à côté de la pensée unique qui suit. Si révéler comment gagner de l'argent en un mois est votre objectif ultime, vous devriez choisir ce plan d'affaires.

Voici les mesures simples et efficaces que vous devez prendre pour gagner un revenu énorme en un mois.

Recherchez une niche rentable et enregistrez un nom de domaine accrocheur et riche en mots-clés. Choisissez entre l'extension .com ou .info. Vous devriez choisir l'extension .com car elle semble plus professionnelle et génère plus de clics que les autres extensions. Un nom de domaine ne devrait pas dépasser 125 $ par an.

En vous inspirant de la niche que vous avez choisie, recherchez un produit qui offre une commission élevée pour les prospects générés par votre lien d'affiliation. Le succès vient de la sélection de la niche la plus lucrative avec un taux de conversion élevé. Par conséquent, trouvez un réseau CPA (coût par action) réputé et créez un compte d'affilié.

Pourquoi devriez-vous promouvoir des offres de coût par acquisition plutôt que des offres de paiement par vente ?

Rappelez-vous qu'une réponse permanente est fournie pour savoir comment gagner de l'argent en un mois. Dans le marketing d'affiliation CPA, vous n'avez pas à vous soucier des rétrofacturations ou des remboursements, car les prospects que vous produisez ne sont pas tenus de payer quoi que ce soit.

Une fois que les prospects ont fourni leurs coordonnées sur la page squeeze, ils seront ajoutés à la liste de diffusion de l'entreprise que vous commercialisez, et vous recevrez des commissions pour les entrées réussies.

Une deuxième raison pour laquelle les offres CPA sont une merveilleuse méthode pour commencer le marketing d'affiliation est que de nombreuses personnes recherchent des offres gratuites. C'est pourquoi ils s'inscrivent facilement sur les pages de vente express.

Vous devez faire attention aux escrocs lorsque vous recherchez des offres CPA dans votre niche. En outre, les offres authentiques ne sont pas toutes rentables. Vous pouvez les tester en envoyant du trafic sur chacune d'elles jusqu'à ce que vous trouviez l'offre la plus avantageuse.

En tant que blogueur, vous devez insérer vos liens CPA dans les articles de votre blog. Vous pouvez également utiliser des bannières pertinentes. Il suffit de configurer la redirection d'URL depuis le tableau de bord de votre compte de domaine si vous souhaitez l'utiliser. Redirigez le lien d'affiliation vers la page de destination du produit. Contrairement au blogging, un seul lien est autorisé.

Les méthodes de marketing PPC sont l'approche la plus rapide pour générer des revenus à partir d'un produit ou d'un service. Par conséquent, si vous avez l'intention de commercialiser deux offres CPA ou plus, vous devez enregistrer des noms de domaine uniques. Si vous pouvez obtenir une offre extrêmement lucrative, vous devriez pouvoir vous en sortir avec une seule. Trouvez des moyens de la promouvoir via des publicités contextuelles ou graphiques.

L'étape essentielle suivante consiste à générer du trafic ciblé vers votre ou vos liens. Sans trafic, la conversion est impossible. Il est possible de générer du trafic par l'une ou plusieurs des méthodes suivantes:

- Utilisez les moteurs de recherche PPC et les réseaux PPV comme sources de trafic ciblé.

- Choisissez parmi Adwords, les publicités MSN et le marketing de recherche Yahoo !
- Publiez des vidéos en ligne.
- Publiez des annonces classées, en particulier pour les sites qui ont été redirigés. Pour des raisons de référencement, vous devriez minimiser l'utilisation de sites de petites annonces par votre blog. Utilisez plutôt des sous-domaines.
- Utilisez d'excellents articles pour promouvoir vos liens d'affiliation.

Après avoir établi une campagne de marketing réussie pour une offre CPA, vous pouvez passer à la promotion d'une autre.

Les techniques décrites ci-dessus devraient avoir répondu à votre question sur la façon de créer de l'argent en un mois. La clé est de déterminer ce que font les personnes qui réussissent et de s'en inspirer. Partez maintenant à la conquête de votre fortune!

## 9. Le ramassage des ordures dans votre quartier.

Comment gagner rapidement de l'argent en nettoyant le quartier : Le plan est d'obtenir des poubelles de qualité commerciale. Oui, cette entreprise gagne de l'argent grâce aux déchets.

Après avoir acheté des poubelles, vous les installerez dans les zones à forte fréquentation. En effet, vous vendez des espaces publicitaires sur ces poubelles pour environ 50 dollars par mois. Vous ne tirez aucun profit des déchets eux-mêmes, mais chaque personne qui utilise vos poubelles équivaut à un dépôt sur votre compte bancaire.

L'objectif ici est d'avoir BEAUCOUP de poubelles. 100 à 500, par exemple. Si vous voulez que ce soit une opération mains libres, vous devez demander aux propriétaires des entreprises de vider ces poubelles selon les besoins. Vous pouvez utiliser une partie des revenus générés par chaque poubelle pour couvrir les autres coûts de main-d'œuvre. Cela contribuera à nettoyer la zone et vous permettra de tirer profit de vos efforts.

En outre, si vous pensez que la publicité sur toutes ces poubelles serait désagréable pour les téléspectateurs, vous pouvez vendre l'espace publicitaire sous forme de parrainage, en demandant aux entreprises de parrainer une poubelle et en demandant aux téléspectateurs de soutenir nos sponsors. De cette manière, les entreprises participent au nettoyage de la ville, et les citoyens sont conscients que la créativité est nécessaire pour y parvenir.

## 10. Immobilier.

Il existe de nombreuses façons de gagner rapidement de l'argent dans l'immobilier. Les achats de propriétés en difficulté, telles que les ventes à découvert, les maisons appartenant à des banques et les saisies, sont les plus courants. Ces propriétés sont idéales pour être réhabilitées, transformées et vendues en gros.

L'achat de propriétés saisies a rapidement pris la tête des investissements immobiliers lucratifs. Ces propriétés sont vendues aux enchères publiques. La plupart nécessitent des réparations et des rénovations. De nombreuses personnes ont des privilèges fiscaux ou de créanciers. Parfois, les propriétaires restent dans leur maison jusqu'à ce qu'ils soient expulsés par la vente aux enchères.

Les investisseurs doivent effectuer des recherches adéquates pour déterminer le coût exact de l'achat de propriétés saisies. L'élimination des privilèges ou l'expulsion des anciens propriétaires peut être une entreprise longue et coûteuse. Toutefois, si la maison est inoccupée depuis des mois et qu'il n'y a pas de privilèges liés, les propriétés saisies peuvent offrir un retour sur investissement décent.

Lorsqu'aucune offre n'est reçue lors d'une vente aux enchères de maisons saisies, la maison est rendue au prêteur hypothécaire. Les investisseurs doivent alors traiter avec le service d'atténuation des pertes de la banque pour acquérir la propriété.

En général, le prix des biens immobiliers appartenant à la banque est plus élevé que celui des maisons saisies. Cependant, une fois que les banques ont récupéré la propriété, elles peuvent négocier avec les détenteurs de privilèges pour les supprimer. La banque gère le processus d'expulsion si le propriétaire habite la résidence.

Parce qu'elles sont vendues avec un titre propre, les propriétés appartenant à la banque coûtent généralement moins cher que les propriétés saisies. Les investisseurs peuvent rapidement prendre possession du bien et le rénover pour le revendre ou le louer.

La vente en gros de biens immobiliers est l'un des meilleurs moyens d'obtenir rapidement de l'argent. Les investisseurs achètent des maisons à des prix inférieurs à la valeur du marché. Cela peut se faire en achetant des biens immobiliers homologués ou des portefeuilles bancaires contenant de nombreuses propriétés.

Les grossistes vendent les propriétés dans leur état actuel. Ils n'effectuent pas de réparations à la maison. Au contraire, ils acquièrent des résidences qui ont besoin d'être rénovées, qu'ils revendent ensuite à profit. Les marges de profit entre 10 et 40 pour cent par propriété sont typiques pour les distributeurs immobiliers.

La revente de maisons consiste à découvrir des propriétés dont le prix est très inférieur à la valeur du marché, à les réhabiliter et à les revendre avec un bénéfice. Historiquement, le "house flipping" était la stratégie la plus populaire pour gagner rapidement de l'argent dans l'immobilier. Avec le ralentissement économique actuel, les investisseurs doivent soigneusement peser les avantages et les inconvénients de cette stratégie.

Pour réussir dans le domaine de la revente de maisons, les investisseurs doivent établir un solide réseau d'acheteurs. Cela peut se faire en partie en rejoignant des clubs immobiliers. Les clubs d'investissement sont un excellent endroit pour trouver des acheteurs qualifiés et découvrir des astuces, des méthodes et des techniques exclusives. Les clubs d'investissement offrent de nombreuses possibilités de trouver des partenariats et des partenaires commerciaux.

Ce sont là quelques choix pour construire une entreprise d'investissement immobilier solide, susceptible de fournir des revenus résiduels et des bénéfices continus. Internet, le réseautage et l'abonnement à des revues et bulletins d'information sur l'investissement immobilier offrent une mine d'informations aux investisseurs qui souhaitent élargir leurs connaissances.

## 11. Marketing de produits numériques.

La vente d'articles numériques, tels que des rapports, des fichiers audio, des fichiers vidéo et des livres électroniques, est une excellente possibilité. Cela présente l'énorme avantage de ne nécessiter aucun inventaire ; vous devez seulement investir du temps et de l'argent pour générer la copie initiale, après quoi il s'agit d'une source d'argent gratuite. Ces produits peuvent générer des revenus de deux manières :

La première consiste à vendre le produit lui-même ou un abonnement à celui-ci. Cela produira des revenus par vente ou chaque mois.

La seconde ne s'exclut pas nécessairement, car les eBooks et les rapports peuvent contenir des liens d'affiliation. Si un client achète votre produit et clique sur un lien pour acheter un produit recommandé, vous recevrez également une commission.

Ce marché est extrêmement lucratif, et les produits numériques sont de plus en plus compétitifs. Voici quelques suggestions pour prendre l'avantage sur la concurrence :

Choisissez un sujet qui vous passionne, pour lequel vous avez des aptitudes. Si vous aimez un sujet, vous devriez d'abord avoir une connaissance approfondie de ce sujet.

Si l'astrophysique vous intéresse, vous pouvez vous renseigner sur les planètes, le système solaire, les astrophysiciens historiques comme Kepler et Newton, etc.

Deuxièmement, soyez précis dans vos informations. Pour réussir dans le marketing en ligne, vous devez donner des informations pertinentes et précieuses. Assurez-vous d'enquêter sur votre propriété et de faire référence au matériel d'autres personnes entre guillemets. Il peut être risqué de copier des personnes si elles utilisent des informations erronées.

Troisièmement, ne vous écartez pas du sujet. Les personnes qui lisent vos informations voudront savoir ce que vous les avez incitées à lire.

Revenons à l'exemple de l'astrophysique. Supposons que vos informations soient intitulées Astrophysics basics. Pensez aux questions que vous poseriez à un niveau de base, par exemple.

- Quelles sont les planètes de notre système solaire ?
- Comment le système solaire s'est-il formé exactement ?
- Quelle est l'influence de la gravité sur le système solaire?

À moins que le titre ne l'indique, n'incluez pas de théorie et d'informations que la plupart des gens peuvent comprendre. La dernière chose que vous voulez, c'est qu'une personne à la recherche d'informations tombe sur une page contenant des informations beaucoup plus avancées qu'elle ne peut en gérer ; cela la fera certainement fuir de votre site.

Les personnes peuvent trier les informations plus efficacement en mettant les informations sur chaque question dans un livre électronique ou un document séparé.

Si vous donnez quelque chose gratuitement, les gens sont beaucoup plus enclins à le vouloir, même s'il contient un lien vers un produit qu'ils peuvent acheter. De cette manière, les gens liront votre matériel, et s'il est bon, ils développeront une confiance en vous et seront plus enclins à acheter le produit recommandé.

Les produits numériques dans le marketing Internet peuvent être difficiles, mais si vous les maîtrisez, il s'agit d'une approche très lucrative pour gagner de l'argent rapidement en ligne.

## 12. Rédaction d'articles.

De nombreuses personnes souhaitent apprendre à gagner de l'argent en produisant des articles. En général, je leur conseille de créer un ou plusieurs articles quotidiens pendant au moins trois mois pour gagner un revenu significatif à long terme.

Mais qu'en est-il de ceux qui ne recherchent pas un gain financier substantiel à long terme ?

N'avez-vous pas de chance si vous souhaitez gagner quelques centaines de dollars rapidement ?

Pas du tout Si vous savez rédiger des articles, il est extrêmement facile de gagner de l'argent rapidement sur Internet.

J'utilise Digital Point et Warrior Forum comme exemples d'énormes forums dans mon domaine. Une fois sur place, naviguez jusqu'aux forums de discussion généraux sur le marketing. Proposez-leur d'écrire des articles pour les aider à faire la publicité de leur produit s'ils ont des questions sur le marketing des produits. Ensuite, postez un ou deux messages sur chaque forum en proposant d'écrire des articles pour les autres.

Vous ne deviendrez pas riche en utilisant cette méthode. Cependant, vous avez déclaré que vous souhaitiez simplement quelques centaines de dollars, exact ? La plupart des personnes paieront entre 4 et 5 dollars pour chaque article, en fonction de sa longueur, de sa qualité, etc.

Si vous avez de l'expérience, vous pouvez probablement composer un article de 400 à 500 mots en 30 minutes environ. Par conséquent, vous pouvez créer quatre articles par jour avec une relative facilité. En utilisant l'estimation inférieure de 4 $ par article, vous gagnerez environ 480 $ par mois en utilisant cette méthode.

Pour gagner de l'argent rapidement en produisant des articles, les forums sont votre meilleure option. Cette stratégie présente l'avantage supplémentaire de vous permettre de déterminer vos conditions. Si un client demande dix articles, vous pouvez en rédiger cinq le premier jour et demander un paiement partiel ou total à la livraison. Toutefois, dans la plupart des cas, les particuliers aiment vérifier les articles avant de procéder au paiement.

Si vous n'aimez pas passer du temps dans les forums, vous pouvez faire appel à l'une des nombreuses sociétés Internet qui rémunèrent les articles. Toutefois, vous ne gagnerez pas beaucoup plus avec ces organisations, car elles reçoivent une partie de vos gains sur chaque transaction que vous effectuez. Comme ces sociétés emploient de nombreux auteurs, vous ne gagnerez pas beaucoup d'argent rapidement.

## 13. Sites Web à bascule.

La conversion de sites Web et de blogs est une méthode pour gagner de l'argent sur Internet qui nécessite un investissement initial en temps et en argent ; cependant, vous pouvez en tirer profit.

Lorsque vous convertissez des sites Web, vous devez adopter une approche progressive pour gagner de l'argent. De nombreuses considérations techniques et compétences spécialisées sont requises pour la conversion de sites Web. Vous pouvez suivre une stratégie qui crée un mini-site Web rapide et sale et convertir un revenu instantané en quelques heures. Après avoir suivi les procédures, il est assez simple de se lancer dans le flipping de sites Web.

Voici un extrait du manuel contenant des informations et des instructions de A à Z, dans lequel M. X, expert en Internet et flipper, fait une démonstration complète du système. Vous pouvez visualiser tous les événements en temps réel.

Dès le départ, vous aurez une connaissance approfondie des méthodes requises pour générer des revenus par la vente de sites Internet. Un système simple est décrit ici.

- Comment identifier de nouveaux sujets et obtenir des e-mails gratuits pour d'autres informations.
- Comment identifier gratuitement les mots-clés appropriés pour votre niche - Comment choisir les sujets et éviter des domaines spécifiques.
- Connaissance de la recherche Google et MSN et comment la donner.
- Déterminer les procédures d'achat de noms de domaine et les éléments essentiels associés à ces noms.
- Étude de l'hébergement gratuit utilisé pour le flipping de sites Web.
- Comment localiser le référencement et conduire les visiteurs vers vos sites Web.
- Recevez des modèles de sites Web gratuits qui ne nécessitent pas de connaissances en codage. - Apprenez comment acquérir du contenu de site sans créer les phrases vous-même.

- Trois éléments essentiels pour monétiser votre site Web.

- Acquérir une stratégie pour augmenter les bénéfices de 300 à 30 000 dollars en six mois - Vendre votre site Web même si vous n'avez pas réalisé de bénéfices - Conseils de vente aux enchères pour les sites Web et les blogs.

Pourquoi ne pas tenter le coup avec un site web ? Cela peut être un moyen rentable de gagner rapidement de l'argent en un mois.

## *14. Graphiques en ligne.*

Les photographes professionnels ne sont plus les seuls à pouvoir prendre des photos à couper le souffle avec des équipements valant des milliers de dollars. De nombreux particuliers peuvent désormais prendre d'excellentes photos avec un simple appareil photo de téléphone ou un reflex numérique haute résolution. Vous pouvez générer des revenus passifs en ligne si vous êtes photographe ou si vous aimez prendre des photos.

Certains sites Web vous permettent de publier vos photos dans n'importe quel format et avec n'importe quelle modification. Après avoir téléchargé les images, vous avez donné à d'autres personnes en ligne la permission de les utiliser. Évitez d'utiliser des personnes ou des lieux spécifiques qui indiquent votre adresse ou d'autres informations sensibles.

Une fois qu'une personne a acheté une photographie, elle est libre de l'utiliser comme bon lui semble ; vous ne souhaitez donc pas que vos informations personnelles soient diffusées en ligne.

Les utilisateurs ont souvent besoin d'images d'objets tels que des arbres, des panneaux routiers, des couchers de soleil, des meubles, des animaux, etc. Vous pouvez développer une niche sur ces sites de photos en ligne si vous vous spécialisez dans les photos et si vous disposez d'une vaste collection de variations uniques d'un même objet.

Les utilisateurs travaillant sur un site web peuvent souhaiter inclure une image statique sur leur page d'accueil ou d'autres pages. Au lieu de se rendre dans une entreprise ou d'acheter l'équipement nécessaire pour prendre des photos de haute qualité, ils peuvent acheter les vôtres en ligne.

La plupart des sites Web facturent un prix raisonnable, ce qui permet aux visiteurs d'acheter plusieurs articles sans hésiter. Après le paiement, le client peut enregistrer les images dans son fichier pour les utiliser à tout moment. De nombreux développeurs de sites Web disposent d'une collection de photos qu'ils aiment, et une fois qu'ils les ont trouvées, ils les achètent plutôt que d'oublier où elles se trouvaient en ligne.

Ces sites de partage de photos génèrent de l'argent passif pour les photographes qui téléchargent des images. Une fois téléchargée, votre image est accessible à des millions d'utilisateurs qui peuvent en avoir besoin et l'apprécier. Si vingt personnes téléchargent votre image chaque mois et que le site web vous rémunère pour chaque téléchargement, vous ne pouvez pas devenir riche, mais vous aurez un revenu.

Vous voulez que votre travail soit vu, et chaque photographe professionnel ou amateur a des photos qu'il serait prêt à vendre pour un supplément d'argent. Plus vous distribuez d'images, plus la probabilité que votre contenu soit utilisé est grande, et plus vous recevrez régulièrement de l'argent passif. Ce revenu passif peut être réinvesti dans votre photographie, ce qui constitue une méthode fantastique pour partager votre travail avec le monde entier.

## 15. Offres d'inscription gratuite par courriel.

J'ai gagné 30 dollars en quelques heures en réalisant diverses enquêtes gratuites fastidieuses et en m'abonnant à des courriels sur un site qui rémunère les enquêtes et les offres. En clair, j'ai gagné de l'argent gratuit en remplissant quelques formulaires en utilisant une adresse Gmail différente pour ne pas interférer avec des communications essentielles.

La méthode:

Trouvez un site Web d'enquêtes et d'offres rémunérées et inscrivez-vous avec vos informations authentiques (pour qu'ils puissent vous payer, généralement par PayPal).

Enregistrez une ou plusieurs adresses électroniques que vous souhaitez utiliser uniquement pour les enquêtes et les offres.

Sélectionnez dans la liste du site Web une enquête ou une offre qui vous intéresse ou qui semble être la plus rapide à terminer.

Si on vous le demande, remplissez l'enquête ou l'offre gratuite avec vos véritables informations (j'utilise un faux numéro de téléphone mais je n'ai jamais reçu de courrier indésirable avec ma véritable adresse).

Inscrivez-vous à une lettre d'information, participez à un tirage au sort d'argent gratuit et inscrivez-vous à un forum.

On peut vous demander quelles sont vos habitudes d'achat, vos jeux informatiques préférés, etc.

Récupérez votre récompense sur le site pour les sondages/offres.

En quelques heures, vous pouvez gagner 30 $ si vous accomplissez cette tâche pour chacune des offres interminables qu'ils proposent.

De temps en temps, si vous invitez des amis à s'inscrire, vous recevrez également une part de leurs gains. Ainsi, si vous en avez assez de remplir les offres, vos amis peuvent faire le travail à votre place.

Comment cela fonctionne-t-il?

C'est une question simple. L'entreprise A souhaite réaliser une enquête ou faire de la publicité pour un produit gratuit. Il appelle un site Web d'enquêtes/offres d'argent et leur dit qu'il paiera une petite somme si des personnes s'inscrivent ou terminent une enquête par l'intermédiaire de leur site. Le site rentable A accepte l'offre et la publie sur son site Web. Vous terminez l'offre sur le site de l'entreprise. Elle reçoit une rémunération et vous en distribue une partie.

L'entreprise A est heureuse que quelqu'un ait participé à une enquête ou à une offre. Le site rentable A est content parce qu'il a reçu une compensation pour vous avoir référé, et vous êtes content qu'ils vous aient donné une partie de l'argent.

Cette stratégie est généralement négligée en raison de sa simplicité, et pourtant elle génère un revenu mensuel substantiel.

La plupart des sites acceptent PayPal ou vous enverront un chèque si votre solde atteint 25 $, ce qui est facile à réaliser en une journée.

## 16. Entreprise de nettoyage de tapis.

L'entreprise de nettoyage de tapis et moquettes est l'une de ces petites entreprises dont les frais de démarrage sont relativement peu élevés et qui offrent de fortes possibilités de croissance tout au long de l'année.

Il existe trois domaines de mesure différents à examiner lors de l'analyse d'une opportunité commerciale:

1. La facilité relative d'entrée sur le marché - pouvez-vous éliminer la concurrence grâce à un service supérieur et à des stratégies de marketing à faible coût ?

2. Les coûts de démarrage par rapport aux possibilités de profit - existe-t-il un seuil de rentabilité confortable qui permettra un flux financier positif pendant toute la phase de démarrage?

Quel type de rendement puis-je attendre de mon investissement dans l'entreprise au fil du temps ? En combien de temps puis-je récupérer mon capital ?

Bien que toute entreprise comporte des coûts, si vous suivez quelques recommandations simples, vous pouvez rapidement générer des bénéfices dans le secteur du nettoyage de tapis.

Votre approche commerciale et marketing doit être centrée sur la satisfaction des demandes de vos clients et leur conversion en adeptes engagés.

Vos clients fidèles doivent être formés de manière appropriée pour recommander votre entreprise à leurs amis.

Ces cinq domaines essentiels à prendre en compte lors du lancement d'un nouveau service de nettoyage de tapis sont, en réalité, des compétences en marketing et en gestion de petites entreprises que tout propriétaire d'entreprise doit maîtriser. Si vous prenez le temps de préparer votre entreprise au succès, vous pouvez réussir.

Avec la bonne formation, vous pouvez prendre un petit service de nettoyage de tapis et doubler ses revenus en un an en mettant en œuvre quelques petits changements. Les gens sont prêts à payer pour des services qu'ils sont trop occupés ou incapables d'assurer eux-mêmes. Cela leur permet d'avancer dans leur vie et de poursuivre leurs passions.

En échange, ils vous rémunèrent correctement pour votre travail continu. Elle s'améliore au fur et à mesure que de nouveaux services sont ajoutés à la liste, en fonction des commentaires des clients et des mises à jour des forfaits. La valeur à vie de vos clients peut commencer à augmenter à mesure que vous diversifiez vos offres de produits.

N'oubliez pas qu'un tiers des revenus de la plupart des entreprises de nettoyage de tapis qui réussissent proviennent de clients récurrents. Ainsi, les méthodes de marketing de recommandation sont essentielles à la rentabilité à long terme.

N'oubliez pas que si vous suivez les conseils de professionnels chevronnés du nettoyage de tapis, vous aurez une base solide pour gérer une entreprise rentable. L'approche est identique à celle d'une franchise, mais sans les dizaines de milliers de dollars nécessaires. Vous pouvez créer votre entreprise et commencer à gagner de l'argent dès le premier mois.

## 17. Rédaction de livres électroniques.

La création et la vente d'ebooks est l'un des moyens les plus populaires de générer de l'argent sur Internet. De nombreuses personnes de tous horizons gagnent leur vie en produisant et en vendant des ebooks sur Internet.

Les gens sont prêts à payer pour obtenir des informations qui les rendront plus prospères, mieux informés et plus satisfaits. Chaque jour, de nombreuses personnes explorent l'internet à la recherche d'informations susceptibles d'améliorer leur vie.

Si vous disposez d'un ordinateur avec une connexion Internet, vous pouvez facilement produire votre livre électronique et gagner beaucoup d'argent en le vendant en ligne.

Le marketing de livres électroniques est une méthode efficace et divertissante pour gagner de l'argent en ligne et travailler à domicile. Il s'agit d'une entreprise qui permet aux entrepreneurs disposant d'un capital limité de lancer une entreprise rentable.

Vous n'êtes pas tenu d'avoir un stock. Votre produit est au format numérique. Il ne nécessite donc aucun espace de stockage.

Les clients peuvent télécharger les livres électroniques directement sur Internet. Il n'y a donc pas de frais de livraison. Les clients l'obtiennent rapidement après l'avoir téléchargé depuis votre site web.

Vous pouvez vendre des quantités illimitées de votre livre électronique sans être en rupture de stock. Il vous suffit de stocker une seule copie sur votre site web, et les clients peuvent télécharger votre eBook rapidement après avoir effectué leur achat.

Vous pouvez développer un eBook vendable sur n'importe quel sujet, tant que vous comprenez le sujet à partir d'une expérience personnelle, d'une étude, ou des deux.

Décidez d'abord sur quoi vous allez écrire. Vous devez choisir un sujet opportun. Vous ne pouvez pas écrire sur n'importe quoi et espérer devenir riche. Vous devez avoir un produit ou un service que les gens désirent et pour lequel ils sont prêts à payer.

Vous devez réaliser une étude de marché pour déterminer s'il existe une demande pour le sujet que vous avez en tête. Cette étape est essentielle. Vous ne voulez pas investir du temps, de l'argent et des efforts pour générer un livre électronique sans succès. De nombreux outils peuvent vous aider à déterminer si votre produit se vendra.

Après avoir déterminé que votre produit sera un succès, il est temps de produire l'ebook, le site Web et la lettre de vente. Ensuite, vous devez choisir un hébergeur. Un hébergeur est un service qui offre les serveurs sur lesquels réside un site Web.

Vous devez informer les gens sur votre ebook. Vous devez donc faire de la publicité. La publicité est essentielle au succès de votre entreprise. Vous pouvez promouvoir votre livre électronique à l'aide d'e-zines, de forums en ligne, de publicités payantes, de la rédaction d'articles, de blogs et de listes de moteurs de recherche, entre autres. Une fois que votre site Web est en ligne, vous êtes prêt à commencer à attirer des visiteurs.

Aujourd'hui, la vente de connaissances au format eBook est l'une des entreprises les plus fascinantes et les plus lucratives. Ce secteur a permis à de nombreuses personnes de s'enrichir. Vous aussi, vous pouvez générer des revenus élevés sur ce marché de plusieurs milliards de dollars. Tout ce dont vous avez besoin, c'est d'informations correctes sur la façon de procéder et de l'envie de suivre quelques directives simples.

Après avoir créé votre premier eBook, vous constaterez qu'il est de plus en plus facile de générer votre deuxième eBook et bien d'autres, et en quelques mois, vous pourriez avoir de nombreux ebooks, chacun faisant de l'argent pour vous mois après mois, année après année.

## 18. Enquêtes rémunérées.

Les enquêtes rémunérées sont une méthode qui vous permet de gagner de l'argent en répondant à certaines des enquêtes en ligne disponibles. C'est l'un des moyens les plus efficaces et les plus simples de gagner de l'argent en ligne. Si vous avez besoin d'argent supplémentaire chaque mois, vous pouvez vous inscrire sur certains sites d'enquêtes en ligne et suivre leurs instructions pour gagner de l'argent en ligne.

Remplir ces enquêtes ne nécessite plus d'expérience ou d'expertise, donc tout le monde peut rejoindre ces sites et gagner de l'argent. C'est la meilleure occasion de gagner de l'argent en ligne en si peu de temps. Toutefois, ce n'est pas pour vous si vous avez l'intention de vous enrichir en répondant à des enquêtes rémunérées.

Les enquêtes rémunérées ne permettent pas de devenir riche au fil du temps. Cependant, c'est une excellente occasion de gagner de l'argent supplémentaire en ligne chaque mois, qui peut être utilisé pour d'autres besoins. Ces enquêtes peuvent être divertissantes et ne demandent pas beaucoup de temps. Vous pouvez les remplir en quelques minutes et recevoir des fonds supplémentaires.

Mais avant de commencer à participer à ces enquêtes rémunérées en ligne, vous devez prendre quelques précautions pour éviter de perdre de l'argent.

- Dans un premier temps, vous devez rechercher les sites d'enquête les plus fiables et les plus gratuits. De nombreux sites vous font payer pour vous inscrire et vous proposent de vous verser une somme substantielle pour chaque enquête à laquelle vous répondez. Ces sites sont probablement frauduleux et doivent être ignorés.

- Ensuite, vous devez partir à la recherche d'un site d'enquêtes rémunérées qui vous propose davantage d'enquêtes mensuelles. Ces sites devraient vous rapporter un minimum de 50 $ par mois. Il peut y avoir un grand nombre de sites Web qui ne proposent pas beaucoup d'enquêtes. De même, certaines entreprises ne peuvent vous proposer qu'une ou deux enquêtes par mois. Ces sites Web peuvent ne pas vous être d'une grande utilité. Vous devez donc les éviter.

- Vous devez également choisir un site d'enquêtes rémunérées en ligne qui est bien établi et réputé. Un site de bonne réputation vous aidera toujours à générer de l'argent rapidement, et vous aurez le moins de chances d'être arnaqué.

- Veillez à toujours vous connecter à ces sites en utilisant une adresse électronique telle que Yahoo ou Gmail. Vous ne devez pas utiliser l'adresse électronique de votre site Web ou votre adresse électronique. Cela pourrait compromettre votre vie privée. Vous devez donc éviter de le faire.

Grâce à ces techniques et à d'autres, vous pouvez simplement gagner de l'argent en ligne et garder le revenu supplémentaire dans vos poches. Vous pouvez également payer d'autres frais mensuels qui peuvent être difficiles à payer à la fin du mois.

## 19. Trading FX.

Voici un exemple de la manière dont vous pouvez tirer profit du trading sur le marché des changes, même si vous ne gagnez que 40 % de vos transactions.

Créons une situation de transaction.

Supposons que vous parveniez à la conclusion suivante :

Vous ferez des affaires du lundi au vendredi.

Vous prévoyez de perdre 60 % de vos transactions et d'en gagner 40 %.

Vous recherchez le risque :

Un rapport risque/récompense de 1,0 : 2,0 (c'est-à-dire que vous pouvez prévoir de recevoir 2 $ pour chaque 1 $ que vous risquez).

Vous négocierez sur un micro-compte d'une valeur de 300 $.

Vous ne risquerez pas plus de 2 % sur une transaction ou 6 $ au départ.

Avec un micro-compte, le fait de risquer 6 $ (ou 2 % de votre compte) vous permettra de fixer des stops loss de 60 pips, augmentant ainsi les chances de réussite de votre transaction. En outre, sur la base de notre ratio risque/récompense, votre objectif sera de gagner 12 $ pour chaque 6 $ que vous risquez.

Voyons comment se déroule cet exemple d'opération de change.

40 % des 20 jours de bourse du mois (puisque nous travaillons du lundi au vendredi) donnent lieu à des bénéfices (8 jours de bourse). Pour les douze jours restants, vous prévoyez de subir des pertes. Le scénario de profits/pertes pour un mois de trading complet ressemblerait à ceci :

PROFITS : 96 $ PERTES : 72 $ GAIN NET : +24 $ ROI : +8%.

Ce gain net de 24 $ sur un compte de 300 $ représente un retour sur investissement de 8 % pour l'ensemble du mois. Maintenant, vous pouvez considérer que 24 $ est un petit montant. C'est le cas. Cependant, regardez au-delà de la valeur monétaire et considérez ce que vous avez accompli.

Un rendement mensuel de 8 % équivaut à un rendement annuel de 96 %, ce qui revient à doubler votre argent chaque année. Comparez cela aux minuscules 2% à 3% que votre banque locale verse annuellement.

Même si vous perdez 60 % du temps sur le marché des devises, il est possible d'espérer des bénéfices de 8 % pour un mois donné.

Même si vous ne tradiez qu'un mois par trimestre, vous obtiendriez un rendement annuel de 32 %.

C'est certainement quelque chose qui mérite d'être observé ! Ne vous arrêtez pas aux chiffres, car un micro-compte a pour but de vous aider à vous améliorer. Il s'agit d'affiner vos compétences de trading et de vous développer ! Lorsque vous atteindrez régulièrement les rendements mensuels souhaités, vous pourrez passer à un compte standard ou à un micro compte et générer des gains en capital massifs.

Instance : devenir avant tout un trader exceptionnel sur le Forex. Entraînez-vous sur des comptes de démonstration, traitez de l'argent réel sur des comptes micro et/ou mini si vous en êtes capable, et affinez vos compétences. Ensuite, vous gagnerez beaucoup d'argent sur le marché des changes.

## 20. Création de listes.

La création de listes et l'envoi d'e-mails à votre liste d'opt-in est la méthode la plus rapide pour générer un revenu mensuel. En fait, en cliquant sur un bouton de votre répondeur automatique, vous pouvez diriger instantanément des milliers de personnes vers le site Web de votre choix, qu'il s'agisse d'un produit d'un affilié ou du vôtre.

Sans aucun doute, le moyen le plus rapide de gagner de l'argent sur Internet est d'envoyer une offre à votre liste et de recevoir une gratification instantanée grâce aux alertes par e-mail "Vous avez fait une vente".

Écoutez les maîtres de la construction de listes. Suivez l'exemple des personnes qui gagnent de l'argent à la demande plutôt que de devenir des ratés qui se plaignent continuellement de leur manque de réussite financière.

Mais comment ce fantasme du "bouton poussoir" peut-il devenir une réalité ? Je veux dire, tout le monde comprend que l'argent est gagné en ayant une liste opt-in massive. Combien de fois avez-vous lu "L'argent est dans la liste" ?

Ces mots sont tout à fait vrais. Posséder votre liste d'opt-in est l'atout le plus précieux pour votre entreprise.

Une liste d'abonnés réceptive est comparable à la possession de votre distributeur automatique de billets. Lorsque vous appuyez sur un bouton, l'argent s'écoule.

Une fois que vous aurez utilisé la puissance de cette stratégie de marketing, toute votre organisation sera mise en place pour générer automatiquement des revenus récurrents.

Même avec une liste modeste de 1 000 personnes, il est possible de déterminer que chaque abonnement vaut 1,50 $. Ce montant équivaut à plus de 1 500 $ par mois.

Que feriez-vous dans votre vie si vous disposiez de 1 500 $ supplémentaires chaque mois?

- En général, plus la liste est importante, plus le salaire est élevé.
- La taille de votre liste de diffusion sera directement proportionnelle à votre revenu.
- Une liste de 5 000 ou 10 000 personnes peut être constituée à l'aide de certaines méthodes de construction de listes.

Gagner 1 $ par abonné se traduit par 5 000 à 10 000 $ par mois rien qu'en envoyant des e-mails à votre liste. C'est l'avantage d'avoir une liste très réactive.

Mais comment construire votre liste ?

Des éléments importants ont été omis dans tous les ebooks et rapports spéciaux sur la façon d'attirer des visiteurs sur votre site Web pour générer une liste d'e-mails très réactive. Les stratégies et les secrets n'étaient pas mentionnés ou nécessitaient des logiciels coûteux ou des procédures hors de portée du marketeur ordinaire.

Cette union clandestine de spécialistes du marketing hautement rémunérés n'a pas l'intention de révéler la véritable clé permettant de gagner d'énormes sommes d'argent grâce aux listes d'opt-in. En promettant quelque chose qu'ils n'avaient pas l'intention de livrer, ils ont obtenu d'énormes sommes d'argent des spécialistes du marketing ordinaires.

Sur qui pouvez-vous compter ?

- Les propriétaires de sites de petites annonces vous ont conseillé que c'était la meilleure méthode pour générer de gros visiteurs.

- Selon les experts de Google, il s'agit de la technique la plus efficace pour générer du trafic et des inscriptions sur votre site Web opt-in.

La stratégie la plus efficace consiste à utiliser une combinaison de toutes les méthodes accessibles pour générer du trafic.

Pour gagner de l'argent, vous devez apprendre à vendre.

Cependant, une fois que le visiteur a atteint votre page d'adhésion, vous avez besoin des talents d'un rédacteur pour vendre à ce visiteur. C'est le chaînon manquant de tous les secrets donnés, vendus ou échangés.

Le contenu des pages opt-in des grands gourous est aussi captivant que le contenu de leurs pages produits. Des rédacteurs hautement rémunérés conçoivent ces pages pour susciter une réaction favorable du visiteur. Leur langage fait appel aux besoins émotionnels du public visé. Vous devez convaincre le visiteur en moins de 5 secondes qu'il désire votre produit ou service.

L'objectif typique du spécialiste du marketing est de distribuer un rapport, mais si votre texte Web n'est pas bien conçu et captivant, le visiteur risque fort de cliquer pour quitter votre site.

Votre page d'inscription est inefficace si vous ne savez pas comment faire appel aux émotions et à l'intellect du visiteur pour le convaincre de fournir ses informations personnelles.

Vous devez communiquer tous les avantages au visiteur d'une manière qui suscitera une réponse positive.

Peu importe l'attrait de votre offre si votre texte en ligne ne parvient pas à convaincre le visiteur qu'il a besoin de votre produit.

Une fois que vous avez obtenu l'attention du visiteur, vous devez envoyer un message de suivi bien rédigé. Le succès ou l'échec de vos efforts de marketing par courrier électronique dépendra de ce que vous offrez et de la manière dont vous le présentez.

Le processus d'opt-in dans son ensemble comporte de multiples éléments. Vous devez disposer de tous ces éléments pour que votre campagne d'opt-in par e-mail produise les résultats escomptés.

La méthode d'extraction des revenus de votre liste nécessiterait un rapport détaillé, mais c'est le sujet d'un autre essai et d'un autre jour.

Concentrez-vous sur la recherche et la maîtrise d'un ou deux moyens de construire votre liste dès aujourd'hui. Après avoir maîtrisé ces deux tactiques, vous pourrez passer à d'autres stratégies de développement du trafic et de la liste.

## 21. Photographie.

Les gens me demandent souvent comment ils peuvent gagner de l'argent avec leur appareil photo numérique le plus rapidement possible. Même si la photographie est un art qu'il faut du temps pour maîtriser, il existe quelques moyens de gagner rapidement de l'argent et de commencer à en tirer des revenus récurrents. Même un débutant en photographie numérique ou un photographe amateur trouvera ces conseils utiles.

Tout d'abord, vous devez comprendre que vous ne gagnerez pas d'argent le premier jour ni même la première semaine, mais une fois que vous aurez saisi ces concepts, vous serez en mesure de gagner de l'argent supplémentaire chaque mois, et dès le premier mois, vous constaterez des bénéfices substantiels. Je vous recommande de commencer par soumettre vos photos à des sites de photos de microstockage tels que Fotolia, Dreamstime, Bigstockphoto et Istockphoto.

Cependant, vous ne devez pas soumettre vos photos à Istockphoto avant qu'elles ne soient acceptées sur d'autres sites. Par ailleurs, Bigstockphoto est probablement le plus simple de tous et approuve les photos avec une relative facilité. Même si vos images sont rejetées, ne vous découragez pas ; au contraire, utilisez-les comme une motivation pour améliorer votre photographie et créer des photos de meilleure qualité.

Je vous conseille de prendre des photos de microstock tout en photographiant d'autres événements. Vous devriez vous soumettre à ces sites avant de passer à d'autres projets photographiques, car ils peuvent vous générer un revenu passif substantiel. Même si vous photographiez un mariage, un portrait de personne âgée ou un portrait de famille, vous gagnez de l'argent tout au long de la journée.

Ayez toujours un appareil photo avec vous ; vous finirez par développer un œil pour savoir ce qui se vend et ce qui ne se vend pas sur ces sites. Vous ne recevez que quelques dollars par téléchargement d'image, mais si vous avez des milliers d'images comme moi, vous verrez des gains mensuels importants.

Vous voudrez également que votre nom soit connu. Vous seriez vraiment surpris de voir combien de personnes dans votre région recherchent un photographe comme vous mais ignorent votre existence. Voici quelques moyens de faire connaître votre entreprise et vos services :

Créez un site Web avec quelques exemples de photos.

Passez une annonce dans le journal avec l'adresse du site Web et distribuez des cartes de visite aux boutiques de mariage locales.

Emmenez votre appareil photo avec vous lors des matchs de la petite ligue, proposez d'être l'assistant d'un photographe de mariage, écrivez quelques articles et créez un lien vers votre site.

Les choix sont illimités pour commercialiser vos services, alors mettez le paquet. Vous recevrez beaucoup de travail grâce aux techniques mentionnées ci-dessus, alors assurez-vous de planifier vos tâches en conséquence pour ne pas être submergé. La dernière chose que vous voulez, c'est que la qualité de votre travail diminue.

Vous devrez également apprendre à éditer correctement les images. Votre ordinateur étant votre "chambre noire numérique", vous passerez beaucoup de temps à éditer des photos, à modifier les couleurs et les tons et à éliminer les images indésirables.

Photoshop est largement considéré comme le meilleur programme de retouche photo disponible. La plupart des photographes l'utilisent, mais essayez une autre solution si vous le trouvez trop cher ou trop compliqué. Paint Shop Pro m'a bien servi pendant la première année où je l'ai utilisé. Cependant, vous finirez par décider d'acheter et d'étudier Photoshop.

## 22. Communiqué de presse.

Un communiqué de presse est l'un des moyens les plus efficaces d'y parvenir, mais certaines conditions doivent être remplies pour qu'il soit efficace.

Il y a quelques années, mon mari a lancé une liste de diffusion gratuite pour un segment de marché inexploité au Danemark, où nous résidons actuellement.

Au bout d'un an, nous avons décidé de modifier le concept. Nous transformerions cette spécialité en une école et ferions payer des frais d'abonnement mensuels.

Nous avons rédigé un communiqué de presse informant le public de l'arrivée imminente de cette niche de marché au Danemark, car cette notion était auparavant inconnue au Danemark mais très répandue à l'étranger.

Le communiqué a été publié dans quelques journaux et publications, et nous avons même eu de la publicité en ligne.

Les gens se sont rués sur notre page de vente et des centaines d'abonnements ont été souscrits. Beaucoup d'entre eux étaient destinés à notre école d'apprentissage en ligne premium, tandis que d'autres étaient destinés à notre liste gratuite.

Par la suite, nous avons proposé des livres dans ce domaine à la fois à la liste gratuite et à la liste payante, et de nombreux abonnés de la liste gratuite ont fini par devenir des étudiants payants.

Envisagez quelque chose de nouveau.

Lorsque vous rédigez un communiqué de presse, vous devez d'abord vous mettre à la place du lecteur. Qu'est-ce que le lecteur serait intéressé à savoir ?

La plupart des personnes sont désireuses d'apprendre quelque chose de nouveau. Par conséquent, si votre produit présente une nouveauté, vous pouvez vous appuyer sur cette perspective pour piquer l'intérêt des médias et les encourager à écrire sur le sujet.

Ne composez pas l'un de ces communiqués de presse longs et inintéressants qui inondent actuellement l'Internet.

Vous ne devez pas dépasser trois cents mots. Vous pouvez exprimer beaucoup de choses avec seulement 300 mots.

Le rendre prêt à l'emploi.

La plupart du temps, si un média utilise votre communiqué de presse, il demandera à l'un de ses journalistes de le réécrire ; il pourra même vous contacter pour vous poser des questions supplémentaires.

Pour susciter un intérêt initial pour votre travail, vous devez le rédiger de manière à ce qu'il soit théoriquement prêt à être imprimé.

Donnez la priorité au contenu le plus engageant. Au lieu d'utiliser le "je" dans le communiqué de presse, réalisez une brève "interview" de vous-même. Même les sous-titres sont autorisés.

Distribuer votre communiqué de presse aux médias appropriés.

Ne commettez pas l'erreur d'envoyer à un magazine spécialisé dans les chats votre communiqué de presse sur votre nouveau et étonnant livre électronique sur la façon d'empêcher un chien d'aboyer. Sélectionnez les médias appropriés pour votre communiqué de presse.

## 23. eBay.

Avec eBay, il est facile de gagner de l'argent à domicile lorsque vous avez besoin d'argent rapidement. Une fois que vous avez compris le fonctionnement d'eBay et que vous avez engagé peu de frais de démarrage, le ciel est la limite pour l'expansion de votre entreprise.

Voici trois stratégies d'achat de stocks que les vendeurs eBay avisés utilisent pour acquérir des stocks à revendre sur eBay et que le vendeur eBay moyen ne connaît pas. Vous pouvez désormais vous procurer des stocks pour vos transactions sur eBay de la même manière que les plus grands marchands.

1. Faites vos achats lors des ventes locales de fin de saison et de fermeture d'entreprises.

Les mêmes pratiques commerciales existent partout. De nombreux individus créent des entreprises qui échouent. Lorsqu'un magasin de détail s'effondre, son stock doit être liquidé. Ces ventes de liquidation de stock se produisent souvent. En général, elles sont publiées dans le journal local.

Cependant, certains commissaires-priseurs se spécialisent dans les liquidations à certains endroits et peuvent organiser des ventes aux enchères hebdomadaires ou mensuelles. Consultez vos journaux locaux et l'Internet.

2. Acheter dans les ventes de liquidation et les ventes aux enchères locales.

Chaque ville possède des salles de vente aux enchères qui vendent de petits et de grands articles, tels que des automobiles et des vêtements.

De nombreux autres acheteurs lors d'une vente aux enchères locale seront des détaillants et/ou des vendeurs sur eBay, de sorte que vous serez confronté à une concurrence intense. Cela implique que vous devez éviter de vous laisser absorber par le présent.

Par ailleurs, les bonnes affaires de fin de saison sont idéales pour remplir votre boutique eBay. C'est peut-être la fin de l'été aux États-Unis, mais ce sera le début de l'été dans l'hémisphère sud, vous aurez donc encore des millions de clients potentiels.

Les marques de créateurs se vendent toujours. Recherchez les soldes sur les articles de marque, comme les vêtements, les accessoires et le maquillage. Vérifiez les listes terminées avant d'acheter pour vous assurer que vous ne payez pas trop cher.

Voici quelques dangers à éviter dans les ventes de liquidation et les ventes aux enchères :

* N'offrez jamais plus pour un article que ce que vous aviez l'intention d'offrir avant le début de l'enchère ;

* N'apportez que la somme d'argent que vous pouvez vous permettre de dépenser ;

* Inspectez les articles, en particulier les lots de boîtes, avant la vente aux enchères ;

* Déterminez le prix auquel vous pouvez revendre chaque article sur eBay ;

* Tenez compte des frais de transport ;

* N'oubliez pas de stocker vos produits avec soin et en toute sécurité lorsque vous les mettez sur eBay.

3. Achat Fabricant Seconds.

Les seconds sont des produits qui ne répondent pas aux critères de contrôle de qualité du fabricant. Par exemple, si une entreprise fabrique des vêtements, les seconds sont des articles dont le lot de teinture n'était pas de la bonne couleur ou qui présentent d'autres défauts.
Ces défauts n'affecteront pas la portabilité des articles, mais vous devez les remarquer lorsque vous les mettez en vente. Vos acheteurs doivent être informés de l'état de l'article sur lequel ils enchérissent ; si vous indiquez les défauts dans votre annonce, ils ne pourront pas prétendre que vous avez fait une fausse déclaration sur l'article.

## 24. Vidéos de marketing et sites web vidéo.

L'un des moyens les plus récents de gagner de l'argent instantanément en ligne consiste à utiliser des vidéos de marketing et des sites vidéo. Bien qu'il s'agisse encore d'un moyen différent de faire de l'argent en ligne, il a gagné en vitesse et en dynamisme au cours des derniers mois, car de plus en plus de gens considèrent cette méthode comme un moyen viable de gagner de l'argent.

Maintenant, lorsque nous parlons de ce moyen pour vous de gagner de l'argent, vous devez reconnaître qu'il y a un certain travail préliminaire à faire, mais avant tout, examinons le concept qui sous-tend cette ligne de pensée.

Certaines personnes vendent des vidéos et des livres et prétendent gagner de quelques dollars à quelques milliers de dollars par jour. Si vous suivez leur raisonnement, vous pouvez obtenir les mêmes résultats.

Tout d'abord, lorsque vous commercialisez des vidéos, vous vendez principalement ces films en ligne, qui ne nécessitent pas de produit. Tout ce que vous faites est basé sur le même principe que le spécialiste du marketing d'affiliation ; vous êtes le jobber qui vend ces choses en leur nom et reçoit une partie des bénéfices.

Vous développez l'intérêt et l'excitation autour du produit et vous vous assurez que les individus sont motivés pour l'acheter en premier lieu ; à ce stade, votre travail se termine, et celui du fabricant du produit commence.

Tout le monde est concerné par ce qu'il offre. Les sites Web de vidéos sont avantageux car les utilisateurs fournissent du matériel engageant. Il s'agit d'une sorte de marketing viral à part entière, et la force du site vidéo est qu'il se propage rapidement lorsque les machines à raisins numériques sont en marche.

Par conséquent, générer de la richesse en commercialisant des films est une évidence pour vous et pour tout le monde, qui en auront tous pour leur argent une fois qu'ils auront commencé.

Le montant d'argent qui peut être généré à partir de ces sites Web et de ces films est assez important, et à mesure que le mot se répand et que d'autres commencent à construire leurs produits, vous serez en mesure de sélectionner et de choisir les meilleurs produits et de maximiser le montant d'argent que vous gagnerez grâce à eux. Il s'agit d'une excellente méthode pour lancer votre carrière dans le marketing d'affiliation ; rien ne devrait vous empêcher de le faire.

Vous devez adapter certains des principes et éléments les plus importants du marketing d'affiliation à votre secteur et à votre marché cible. Ce sont les aspects les plus essentiels des capacités des sites vidéo et du marketing d'affiliation. Alors commencez votre carrière dès maintenant!

## *25. Joint Venture.*

Les coentreprises vous permettent de former un partenariat rentable avec une autre personne. Il s'agit d'une opportunité importante pour quiconque recherche un emploi légitime à domicile. Vous pouvez également obtenir d'autres idées d'affaires pour vous-même par le biais d'une coentreprise. Vous devez enquêter correctement sur toute personne ou entreprise qui prétend que vous pouvez gagner de l'argent rapidement et facilement, mais une coentreprise peut vous apporter la solution que vous recherchez.

Vous devez décider de ce que vous voulez accomplir avec votre coentreprise, car vous et votre partenaire avez beaucoup à y gagner et, si elle est bien menée, elle peut vous permettre de gagner de l'argent rapidement. N'oubliez pas que l'objectif des coentreprises est que les deux participants y gagnent ou en profitent.

Dans le cadre de leurs idées commerciales, la plupart des entrepreneurs s'engagent dans des coentreprises pour quatre raisons principales. Elles peuvent compléter un produit que vous avez déjà et vous permettre de mieux connaître les besoins de votre marché cible. Votre produit peut se vendre mieux s'il est complémentaire à celui d'un partenaire de coentreprise. Cela vous aidera à l'avenir lorsque vous produirez d'autres produits à vendre.

Comme indiqué précédemment, gagner de l'argent n'est pas toujours simple. Vous pouvez toujours participer à une coentreprise même si vous n'avez pas de produit. Les coentreprises sont des partenariats dans lesquels les deux parties contribuent. Vous pouvez effectuer la plupart des tâches et utiliser le résultat d'une autre personne. Ceux qui n'ont rien d'autre à apporter sont satisfaits de ce système.

Ces coentreprises peuvent également améliorer la crédibilité de vos futures stratégies pour gagner de l'argent rapidement. Votre partenaire de coentreprise peut déjà avoir un grand nombre de consommateurs satisfaits. Lorsqu'ils achètent ensuite par le biais de votre vente combinée, ils deviennent vos clients. Cela vous permet de les solliciter pour vos futures initiatives.

Nous savons tous qu'une entreprise à domicile légitime a besoin de clients réguliers. Vos nouveaux clients ont déjà acheté chez votre partenaire et achètent maintenant vos nouveaux produits. Les clients achèteront probablement des produits futurs provenant d'autres idées commerciales que vous avez dans le même secteur.

Vous pouvez commencer à voir que générer de l'argent simplement peut être fait tant que vous restez honnête avec votre partenaire et le consommateur et que vous offrez un produit ou un service fantastique.

Le troisième objectif que vous pourriez poursuivre est d'étendre votre portée marketing. Les coentreprises augmentent la portée de votre marketing car les clients sont plus susceptibles de vous faire confiance et de se sentir plus à l'aise pour acheter chez vous à l'avenir. Comme indiqué précédemment, vous pouvez faire appel à des clients qui font déjà confiance à votre partenaire de coentreprise. De plus, ils peuvent vous recommander à d'autres personnes désireuses d'acheter chez vous.

Le quatrième principe peut élargir vos idées commerciales, car vous pouvez pénétrer des marchés inattendus où vous pouvez gagner de l'argent rapidement. Si vous vous renseignez, vos nouveaux consommateurs peuvent mentionner d'autres produits que vous pouvez fournir.

Cette méthode pour gagner de l'argent rapidement peut également vous mettre en bonne position auprès de votre partenaire de coentreprise. Les coentreprises ne sont pas limitées à un seul projet. Si vous respectez votre part du marché et que vous gagnez tous deux beaucoup d'argent, votre partenaire peut vous impliquer dans une autre de ses idées d'entreprise dont vous pourrez profiter.

Tous ceux mentionnés ci-dessus peuvent vous offrir des possibilités légitimes de travail à domicile, mais vous devez effectuer des recherches approfondies sur toute idée d'entreprise que vous souhaitez poursuivre. Vous pouvez n'avoir jamais entendu parler d'elles auparavant, et elles peuvent ne jamais avoir entendu parler de vous. Comme l'un d'entre vous doit recevoir des commandes, gérer de l'argent et exécuter des instructions, la confiance doit être accordée.

Si vous utilisez la liste des coordonnées des clients acheteurs de quelqu'un d'autre, vous risquez de devoir déployer des efforts considérables. Il se peut qu'ils disposent déjà des mécanismes nécessaires pour accepter les commandes et les paiements. Vous pouvez également devoir attendre le paiement, car les paiements quotidiens ne sont pas toujours disponibles ; les paiements mensuels sont plus probables. Cette attente peut être plus longue, car il peut y avoir un délai de garantie pour le client acheteur.

Ne laissez rien de tout cela vous inquiéter. Comme nous le savons tous, il n'est pas facile de gagner de l'argent, mais si votre éventuel conjoint possède les compétences nécessaires, il doit aussi commencer quelque part. Il doit, à un moment donné, faire confiance à une autre personne.

Votre partenaire de coentreprise peut avoir un emploi du temps très chargé et ne pas toujours être en mesure de consacrer du temps à un projet qu'il a créé. L'une des choses que les entreprises légitimes de travail à domicile doivent faire est de fournir une assistance continue aux clients existants tout en acquérant de nouveaux clients. Certains clients cesseront d'acheter votre produit, vous devez donc en acquérir de nouveaux.

Les entrepreneurs extrêmement occupés doivent élargir leur base de consommateurs. Ils s'engagent donc dans des projets de collaboration. Ils auront un projet achevé et auront besoin de quelqu'un pour accomplir les tâches restantes.

Cela peut être fait par un nouvel entrepreneur qui est en train de développer son empire. La nouvelle personne acquiert de nouveaux clients en vendant un produit, tandis que l'entrepreneur existant reçoit des informations sur les consommateurs pour l'aider à constituer sa liste.

Une coentreprise peut profiter à toutes les parties impliquées, tant que les deux parties en profitent. Amusez-vous bien et bonne chance pour votre prochain projet.

## *26. Enchères en ligne.*

Avez-vous déjà réfléchi au nombre d'objets en votre possession que vous n'utilisez plus ou ne désirez plus ? Vous avez probablement différents objets intéressants qui prennent la poussière alors qu'ils pourraient vous rapporter de l'argent, à vous et à votre famille.

Lorsque vous faites le tour de votre maison, réfléchissez-y à deux fois avant de vous débarrasser d'un objet, car même s'il est cassé ou en mauvais état, quelqu'un peut être prêt à vous le payer. Vous pouvez même visiter les vide-greniers locaux à la recherche d'objets pouvant être revendus.

C'est une occasion fantastique de gagner beaucoup d'argent, car vous dépensez pratiquement quelques centimes pour un article qui se vendra presque certainement plus cher en ligne.

Un autre avantage des enchères en ligne est que vous êtes en contact avec des acheteurs du monde entier, ce qui augmente considérablement la probabilité que vos produits se vendent à un prix plus élevé que prévu. Il s'agit d'une excellente méthode pour gagner rapidement de l'argent, mais elle peut facilement être transformée en une profession à temps plein qui rapporte des revenus mensuels réguliers.

## *27. Références.*

Si vous avez besoin d'un petit revenu, il est temps de vous mettre au travail. Si vous jouez bien vos cartes, vous serez en mesure de gagner de l'argent rapidement sur Internet, et vous pouvez le faire par le biais de parrainages.

Il s'agit peut-être de l'opportunité que vous recherchiez si vous disposez d'un vaste réseau ou si vous avez confiance en votre capacité à faire de la publicité en ligne pour inscrire vos filleuls à un programme de parrainage avec succès.

Tout d'abord, un programme de parrainage vous rémunère pour la réalisation d'une activité spécifique. Cependant, vous gagnez plus d'argent en parrainant des personnes, et vous profitez également des activités qu'elles effectuent.

Vous êtes rémunéré par les recettes publicitaires. Cependant, ils vous rembourseront davantage pour les personnes recommandées et vous paieront plus lorsqu'ils publient. Par exemple, certains sites Web vous paieront pour publier sur leur site.

Il ne s'agit pas d'un système de gain à long terme, à moins que vous n'en fassiez votre affaire. Les personnes qui s'inscrivent à de nombreux programmes de parrainage gagnent plus que de l'argent de poche chaque mois. Elles en font une carrière. Elles ont plusieurs centaines de recommandations à leur actif. En outre, les personnes qu'ils recommandent ont encore plus de références sous leurs pieds.

Par conséquent, il est possible de gagner rapidement de l'argent grâce aux recommandations. En outre, regarder votre ligne s'allonger de plus en plus peut être beaucoup plus amusant. Par conséquent, votre compte en banque va augmenter. Considérez également que d'autres personnes gagnent de l'argent parce que vous avez partagé cette chance avec elles.

# CONCLUSION.

La question est de savoir comment gagner beaucoup d'argent rapidement et facilement en un mois. Observez le point d'interrogation à la conclusion. Il existe de nombreuses perspectives sur ce sujet particulier.

La question sous-jacente est de savoir comment gagner beaucoup d'argent rapidement. Examinons cela de plus près. Voici quelques possibilités à examiner. Vous savez taper à la machine ? Alors vous pouvez chercher un emploi de dactylo.

Vous aimez offrir un excellent service à la clientèle ? Envisagez de devenir un assistant virtuel ! Vous aimez écrire ? Alors, un poste de rédacteur pourrait vous convenir !

À quel rythme serez-vous payé, et quelle est l'échelle de rémunération à considérer ?

Serez-vous payé à la journée, à la semaine, aux deux semaines ou au mois ?

N'oubliez pas que l'échelle de rémunération pour certaines de ces tâches n'est pas particulièrement élevée, et que vous devrez donc faire de nombreux efforts pour gagner l'argent dont vous avez besoin le plus rapidement possible. La question suivante que vous devez vous poser est de savoir si vous êtes prêt à effectuer ce travail. Si la réponse est non, vous pouvez choisir de poursuivre votre recherche. Les grandes sommes d'argent représentent différentes choses pour différentes personnes.

Le montant que vous pouvez gagner et la rapidité avec laquelle vous êtes payé dépendent de vos compétences, de votre travail et des modalités de paiement. Une personne peut considérer que 100 $ à la fois est de l'argent, tandis qu'une autre considère que 1000 $ par semaine est beaucoup d'argent. Lorsque vous choisissez la réponse à cette question, vous devez tenir compte du fait qu'un assistant virtuel est bien rémunéré mais qu'il assume des responsabilités importantes.

Essayez ce que j'ai fait si vous avez besoin d'argent rapidement dans un délai d'un mois. Je génère plus d'argent aujourd'hui que dans mon entreprise précédente, et vous le pouvez aussi, si vous souscrivez à ces idées de gain d'argent rapide discutées jusqu'ici.

Bonne chance!

Compétences de gestion pour les gestionnaires.

1. Gestion du temps pour les managers
2. Coaching des employés pour les managers
3. Développement de l'esprit d'équipe pour les managers
4. Confiance en soi pour les managers
5. Techniques de négociation pour les managers
6. Compétences en matière de service à la clientèle pour les managers
7. L'affirmation de soi pour les managers
8. Étiquette commerciale pour les managers
9. Techniques d'écoute pour les managers
10. Compétences en matière de leadership pour les managers
11. Compétences en communication pour les managers
12. Techniques de présentation pour les managers
13. Gestion du stress pour les managers
14. Prise de décision pour les managers
15. Gestion des conflits pour les managers.

Série : La liberté financière à tout âge.

- ➢ Atteindre la liberté financière à 20 ans
- ➢ Atteindre la liberté financière dans la trentaine
- ➢ Atteindre la liberté financière dans la quarantaine
- ➢ Atteindre la liberté financière dans la cinquantaine
- ➢ Atteindre la liberté financière à 60 ans
- ➢ Atteindre la liberté financière à 70 ans et plus.
- ➢ Atteindre la liberté financière chez les enfants

- Atteindre la liberté financière chez les adolescents
- Atteindre la liberté financière chez les étudiants universitaires.
- Les escroqueries financières dont il faut se méfier à la retraite.

Série : Des finances personnelles pour vous.
- Acheter et vendre des crypto-monnaies pour les débutants
- Pourquoi investir dans des actions à dividendes est judicieux.

Série : Patrimoine 2022.

- L'entrepreneuriat en ligne.
- Créer sa propre entreprise
- Gestion de patrimoine
- Revenu passif.
- 12 étapes pour créer votre propre entreprise.

Série : Un excellent service à la clientèle.
- Excellent service à la clientèle dans le commerce de détail
- Excellent service à la clientèle dans la restauration rapide

- ➢ Excellent service à la clientèle dans un restaurant à service complet
- ➢ Excellent service à la clientèle dans l'enseignement.
- ➢ Excellent service à la clientèle dans l'immobilier
- ➢ Excellent service à la clientèle dans un centre d'appels
- ➢ Excellent service à la clientèle en tant que réceptionniste
- ➢ Excellent service à la clientèle dans un hôtel
- ➢ Excellent service à la clientèle dans la vente
- ➢ Excellent service à la clientèle, peu importe la situation.
- ➢ Excellent service à la clientèle dans un cabinet dentaire
- ➢ Excellent service à la clientèle dans un cabinet médical.

Série : L'argent rapide.

- ➢ Argent rapide en une semaine
- ➢ Argent rapide en un week-end
- ➢ Argent rapide en un mois
- ➢ Argent rapide pour les étudiants.

Série : Comment faire de la promotion.

- ➢ Comment promouvoir votre livre de recettes
- ➢ Comment promouvoir votre livre pour enfants.

Autres livres de D.K. Hawkins.

- ➢ Comment faire prospérer votre entreprise pendant une récession
- ➢ Créer une valeur ajoutée pour les clients
- ➢ Reconnaître les possibilités d'augmenter les flux de trésorerie.

## Biographie de l'auteur

D.K. Hawkins. D.K. aime lire des livres sur les affaires personnelles ainsi que passer du temps à l'extérieur. D'autres livres viendront s'ajouter à cette collection, alors suivez-nous sur Amazon pour en savoir plus.

Merci d'avoir acheté ce livre.

Je vous en remercie sincèrement et je vous apprécie, vous, mon excellent client.

Que Dieu vous bénisse.

D.K. Hawkins.

www.ingramcontent.com/pod-product-compliance
Lightning Source LLC
Chambersburg PA
CBHW070235220526
45465CB00004B/1429